ESCUTA!

Francisco Ohana

ESCUTA!

Cobogó

SUMÁRIO

Recobrar a escuta humana

Começo pelo título: em letras imperativas, *Escuta!* é a dramaturgia final criada pelo autor Francisco Ohana durante as atividades da terceira turma (2017) do Núcleo de Dramaturgia SESI Rio de Janeiro. Suspeito, no entanto, que para além de uma expressão marcada por ordem ou autoridade, tal título afirma antes um chamado — exclamativo posto seja urgente — à responsabilidade que é respondermos por nossas ações e também pelas ações dos outros.

Um violinista, músico do Teatro Municipal durante 12 anos, logo após ser demitido por conta de cortes orçamentários, começa a trabalhar como taxista no Rio de Janeiro. É a partir dessa premissa que a dramaturgia de Ohana é construída, num jogo em que cada cena é como uma corrida de táxi, cada personagem é como um passageiro desse taxista e cada destino, ainda que previamente traçado, é como uma narrativa refém do percurso que levará (ou não) até ele. Dramaturgia, assim, do movimento: que parte do desemprego desse homem e voa até o responsável pelo mesmo: o presidente da República.

Como afirma o autor, por intermédio de seu violinista-taxista, até este ser demitido do Teatro Municipal, ele ainda não tinha percebido como não conhecia ninguém, como tudo o que sabia dizia respeito apenas à música. Quando seu personagem sai do confinamento de seus hábitos, o mundo se apresenta a ele como avassalador e também um tanto sedutor. Eis um primeiro imperativo: conhecer o mundo que te dá casa, vagar por suas ruas e por seus escuros. O homem taxista começa a sua jornada e, progressivamente, vai descobrindo que também é parte de tudo aquilo que sempre ignorou.

Composta após dez meses — de março a dezembro de 2017 — em que nos encontramos uma vez por semana para estudar e criar dramaturgias junto a uma turma composta por 15 autoras-autores, *Escuta!* é também um modo específico desenvolvido e aprimorado por seu autor para conversar e responder aos dilemas e desafios do mundo contemporâneo: a dramaturgia brota desse encontro entre autor e o instante do mundo em que ele está e no qual age o processo de sua criação.

Ressalto a maneira como a estrutura formal do texto apresenta e catalisa as indagações que o próprio autor ambiciona lançar ao papel. Percebo que o corpo textual só se torna um possível porque é — de maneira evidente e destemida — composto pelos estilhaços de opiniões e discursos que atravessam o corpo que o escreveu. Por extensão, também assim o personagem do violinista-taxista vai reconhecer e interpretar o mundo que o atravessa cena a cena: o corpo social só se apresenta como tal porque é constituído por um punhado de situações e singularidades; tudo está conectado e, talvez, a dor de uns seja mesmo fruto da alegria de outros.

Dizem os cientistas que 97% das espécies que existem em todo o mundo são invertebradas. Arriscaria dizer que *Es-*

cuta! é uma dessas espécies, uma dramaturgia invertebrada, que não se sustenta por uma coluna vertebral plenamente encadeada, mas pela singularidade das partes que a compõem página por página. Quando afirmo se tratar de uma dramaturgia-chamado à responsabilidade de nossas ações no mundo, o faço por observar que cada pedaço dessa trama-texto tem em si a sua importância, assim como cada ser humano desse texto-mundo a possui. Logo, não haveria texto nem mundo sem as pequenas e inúmeras partes que estruturam tais organismos. Tal constatação soa óbvia, sem dúvida, porém, quantas obviedades é preciso desnaturalizar para que se enxergue o seu fundo?

É o geógrafo David Harvey quem nos sugere um olhar dialético que parece ler a dramaturgia de Ohana com bastante clareza. Ele afirma que "só por meio da mudança de nosso mundo institucional podemos ao mesmo tempo modificar a nós mesmos, do mesmo modo como apenas por meio do desejo de mudar a nós mesmos pode a mudança institucional ocorrer".* Ora, há uma conexão evidente, pois, para mudar aquilo que desejo — a situação política do Brasil, por exemplo — eu preciso mudar a mim mesmo. Há uma interdependência entre os lados, entre as partes, nada sobrevive alheio. E o taxista vai descobrir isso no decorrer de sua trajetória:

> Eu me sinto vivo, vivo e com os sentidos aguçados. Lúcido. Não que eu esteja me sentindo especial, não, estou me sentindo um bosta, como de costume. Mas a verdade é que, na intimidade do meu ato desmedido, existe a busca desesperada pela felicidade.

---

* HARVEY, David. *Espaços de Esperança*. São Paulo: Edições Loyola, 2004, p. 245.

[...] Um propósito para continuar. Senão, o que seria da vida?

O que seria da vida? Sem a dramaturgia, o que seria da vida? Eis uma longa discussão que permeou nossos encontros em 2017: dramaturgia serve para quê? Apenas para apresentar a realidade tal como já a vemos e vivemos? Apenas para confirmar a história oficial dos fatos? Ou poderia também modificar tudo isso? Ou seja: o gesto de uma autora, de um autor, poderia instaurar alguma diferença na dita realidade? Poderia, de fato, ao menos no papel e através de suas palavras, propor outro mundo possível?

Acredito que o modo encontrado por Ohana para criar sua dramaturgia foi precisamente uma operação de rearticulação de inúmeros textos e falas que já constituíam o corpo textual de nossa realidade. Em suas linhas, são numerosos os fragmentos de outros textos e autores: Machado de Assis, Vladimir Safatle, há versos de Michel Temer, proposições do pedagogo Jorge Larrosa Bondía, talvez excertos utópicos de David Harvey, bem como o próprio aprendizado vivido e trocado junto aos autores em intermináveis encontros do Núcleo de Dramaturgia.

Ressalto este aspecto porque essa foi, e continua sendo, uma das principais investidas do Núcleo, a saber, como investir na diversidade de modos de criação das autoras e dos autores que compõem as turmas do Núcleo a cada ano. Pois se o Núcleo é um projeto de formação dedicado a pessoas interessadas na escrita para teatro, como determinar de antemão o que é a escrita para teatro? Há um modelo de como deve ser o texto teatral? Ou ainda podemos inventar outros modos para compor dramaturgia?

Operar a criação em dramaturgia fazendo uso de fatias de outros textos e narrativas, discursos e falas, não é anular o gesto criativo de um autor. Pelo contrário, é atualizar a ação criativa como uma prática que compreende que criar não é ser, necessariamente, originário de cada palavra posta no papel, mas, sobretudo, é fazer uso das palavras já presentes no texto do mundo. O autor, no caso, Francisco Ohana, faz usos e desusos das textualidades que cruzam a sua percepção. A tais fragmentos, ele soma suas linhas, desloca sentidos e encontra outros, copia e cola, recorta e transforma, enfim, cria.

Em seu livro *Pós-produção: como a arte reprograma o mundo contemporâneo*, Nicolas Bourriaud busca reconhecer como, num caos cultural como o de nossa época, artistas estão deduzindo novos modos de produção. Para Bourriaud, contemporaneamente, "a obra de arte funciona como o término provisório de uma rede de elementos interconectados, como uma narrativa que prolonga e reinterpreta as narrativas anteriores". E, especificamente sobre *Escuta!*, acrescentaria: "Não é mais um ponto final: é um momento na cadeia infinita das contribuições."* Nesta dramaturgia, um personagem reage à instabilidade de sua própria condição profissional, instabilidade essa — acredita ele — provocada por um (des) governo intencionado a gerar e a manter uma crise (acordo?) nacional. Ele se dirige, então, do Rio de Janeiro a Brasília a fim de executar um crime político. Tal ação (reação), sem dúvida, é feita pelo violinista-taxista primeiro a favor de si próprio, mas inevitavelmente também a favor do outro: ele quer encontrar a felicidade. Esse é o seu momento. É a sua oportunidade. Enquanto um personagem, essa é a sinopse de sua existência: é a sua contribuição.

---

* BOURRIAUD, Nicolas. *Pós-produção: como a arte reprograma o mundo contemporâneo*. São Paulo: Martins, 2009, p. 16-17.

Não caberia aqui render a ação desse personagem por alguma moral ou mesmo por alguma ética. Não estamos discutindo se ele pode ou não cometer um crime, se é certo ou errado, se é moralmente aceito ou não. A escrita dramatúrgica, a despeito da escrita da História, existe — em especial — para compor tudo aquilo que os acontecimentos da realidade ainda não deram conta de realizar. E quando flagramos, na leitura, um "crime" acontecendo, o que talvez interesse destacar é menos se tal gesto pode ou não ser efetivado em nosso cotidiano e mais o que tal gesto — ao acontecer na ficção — nos faz perceber sobre a nossa própria realidade. Interessa justamente esse deslocamento do pensamento e da sensibilidade, as mudanças de posição, os movimentos que ao serem movidos fazem com que se transformem sentidos e situações, homens e humanidades, governos e instituições.

No fluxo contrário a uma época cínica como a atual, recobrar a escuta — com força e intencionalidade — é anunciar possibilidades outras para que se continue vivo e em sociedade. E já não importa se a narrativa de Ohana se encerra ou não na efetivação dessa busca. Importa antes e, sobretudo, a busca em si, o processo de sua revelação; importa a lembrança de que se pode buscar por aquilo que se faz ausente: a esperança. No gesto feito pela dramaturgia, o que se valoriza é o ímpeto de um deslocamento, de uma ação: do verbo "escutar" chega-se, então, a uma afirmação imperativa — escuta! —, que além de ser um chamado é também e prontamente já outro caminho possível.

Como coordenador do Núcleo de Dramaturgia SESI Rio de Janeiro, é de extrema importância registrar a minha profunda alegria em ter a Editora Cobogó como parceira na publicação de três dramaturgias criadas por autoras e autores de nossa terceira turma: além de Ohana e sua *Escuta!*, também são publicadas as dramaturgias *O enigma do bom dia*, de Olga Almeida, e *ROSE*, de Cecilia Ripoll.

Às autoras e aos autores que integraram a terceira turma do Núcleo — Antonio de Medeiros, Cecilia Ripoll, Daniel Chagas, Diego Dias, Francisco Marden, Francisco Ohana, Jean Pessoa, Livs Ataíde, Luiza Goulart, Marcela Andrade, Matheus de Cerqueira, Olga Almeida, Rosane Bardanachvili e Suellen Casticini —, o meu profundo agradecimento por todo o aprendizado e troca que vivemos juntos.

Diogo Liberano
Coordenador do Núcleo de
Dramaturgia SESI Rio de Janeiro

ESCUTA!

de **Francisco Ohana**

PERSONAGENS

TAXISTA

PROFESSORA

TERESA

ENTERTAINER

JACKSON

PORTEIRO

MÃE

EXECUTIVA

NEUROLOGISTA

EMPALHADINHO

PASSAGEIRO

MULHER

EMPREGADO

CARCEREIRO

ENTREVISTADOR

NAMORADA

PRÓLOGO

Duas mulheres se beijam apaixonadamente.

1. O VIOLINISTA

TAXISTA: *Spalla* é como se chama o primeiro violino de uma orquestra. Fica na primeira estante, diante do público, à esquerda do maestro. Em italiano se diz *violino di spalla*. Eu fui, durante 12 anos, *spalla* do Teatro Municipal, até perder o emprego por causa de um corte orçamentário. Quando isso aconteceu, me dei conta de que não conhecia nada além de música, não conhecia ninguém. Eu olhava a cidade, as montanhas e construções da cidade da infância e pensava, meu Deus, o que está acontecendo? A cidade se expandia para além dos meus sentidos, em dimensões compreensíveis talvez para um matemático ou filósofo, não para um músico. Um corpo desorganizado foi tudo o que me restou. Eu dormia no Largo da Glória junto com bichos e moradores de rua, estranhas criaturas noturnas em franco processo de degeneração. Caminhava pela orla e via toda sorte de gênero humano, seres andróginos, cobertos de feridas, que se aproximavam de mim como personagens da *commedia dell'arte*, sorrindo e oferecendo favores. Os donos de uma lanchonete me davam o que não conseguiam vender ao longo do dia e, no caminho, eu tinha que esconder a comida, para não ter que dividir os salgados frios com quem encontrasse. Estranhas criaturas noturnas, mas eu. Eu estava lúcido. Eu dormia de olhos abertos e enxergava através das pálpebras. Sim, aqueles olhos eram meus.

2. A PROFESSORA

Uma das duas mulheres fala.

PROFESSORA: O esgotamento da esquerda brasileira precisa ser encarado de frente. Em um cenário de desilusão, por que ter medo de recuperar nossa radicalidade? O discurso da economia se pretende apenas a alimentar a sensação de impotência que nos faz crer que as decisões a respeito de nossas vidas são muito complexas para serem geridas por nós mesmos. Esse discurso, sob uma capa tecnocrata, produz níveis de insegurança capazes de deixar qualquer sujeito inadaptado à ordem vigente no limiar da morte social.

3. O VIOLINISTA II

TAXISTA: Um dia, caminhando até o Forte no fim da tarde, um homem me entregou um panfleto:

PRECISA-SE DE MOTORISTA.

Ali mesmo, na praia, vi muitas pessoas precisando de táxi, entrando e saindo dos carros amarelos. Fui correndo até a Empresa me informar e, ao sair, fui atrás da documentação exigida. O custo de emissão dos papéis era muito alto e eu disse ao atendente do cartório, eu não tenho dinheiro. Ele me pediu para tirar um atestado de pobreza, com ele os documentos sairiam de graça. Providenciei o atestado e os documentos do 1º, 2º e 3º Ofícios, me esforçando para manter algum resquício de dignidade. No dia seguinte, voltei à Presidente Vargas e me alistei como motorista. E agora, que eu havia chegado até ali? As ruas estavam mudadas, eu teria que reaprender tudo. As ruas fedem a merda e os habitantes da cidade são incompreensíveis. Mas eu queria, eu precisava saber. As pessoas têm sonhos e esse era o meu: ter os caminhos da cidade dentro da minha cabeça.

4. TERESA, 85 ANOS

TERESA: Me leve até a Prainha.

TAXISTA: Eu não sei onde é.

TERESA: Como, não sabe?

TAXISTA: Não sei, senhora.

TERESA: E o GPS?

TAXISTA: Não funciona.

TERESA: Siga em frente, eu vou ajudá-lo.

TAXISTA: Ela foi caminhar na areia, pensei que a velha ia me dar um calote. Dona Teresa andou em direção a uma pedra e, chegando lá, parou. E ficou olhando o mar. Quando estava ficando escuro, ela voltou para o carro e abriu a porta.

TERESA: Venha me buscar amanhã, às oito horas.

5. OS POEMAS DO PRESIDENTE

Quando eu nascer, Senhor,
Daqui a quatro horas,
Pela sexagésima segunda vez,
Fazei que eu nasça
Um outro homem.

Fazei, Senhor,
Que a vida anterior
Às sessenta e duas vezes
Que nasci
Seja apenas referência
Para a existência
Que virá depois.

Que eu seja, Senhor,
Melhor.

Que eu viva para os outros,
Não para mim.
Que eu ame, Senhor,
Quem me ama
E também quem me detesta.

Que eu ame a todos,
Que eu seja bom
Sem fazer da bondade
Uma virtude, nem pretensão.

Que eu seja honesto, Senhor,
Sem fazer da honestidade
Uma pregação.

Que eu compreenda os maus,
Os desonestos,
Os violentos e insatisfeitos.

Que eu seja capaz, Senhor,
De, com bondade,
Extensão da Sua,
Fazê-los bons, honestos. E pacíficos.

Enfim, Senhor,
Que eu seja, no mundo,
A revelação de Sua presença.
Se não for assim,
Melhor não nascer pela sexagésima terceira vez.

6. TERESA, 85 ANOS II

TERESA: Bom dia, filho.

TAXISTA: Nós vamos aonde?

TERESA: Ligue o relógio.

TAXISTA: E nós saímos. Dona Teresa mostrou a cidade inteira para mim, falou de muitas coisas. De rios submersos por bairros, de conventos. Do porto e das ilhas da baía. De franceses, tamoios e jacarés. Os planos de urbanização. De Machado de Assis. Ela conhecia cada montanha pelo nome, como se estivesse falando de velhos amigos da juventude. Passamos o dia juntos e, com aquela corrida, paguei as diárias de uma semana inteira de trabalho. E ainda sobrou.

TERESA: Você precisa entender o que aconteceu, os pedaços da história estão espalhados pelo espaço. Juntar, como um quebra-cabeça. Andar, como um labirinto.

7. O ENTERTAINER

ENTERTAINER: O prefeito de Cariré comprou os ônibus da cidade direto na fábrica, com o dinheiro dos impostos. Foi até a fábrica, comprou, abriu concurso público pra motorista e hoje o município presta um serviço de transporte decente. O que, aliás, é dever constitucional, obrigação do poder público, um serviço pago indiretamente pelo povo, com impostos, pelo qual as pessoas não podem ser cobradas novamente.

TAXISTA: Interessante.

ENTERTAINER: Uma universidade pública presta um serviço, um serviço público de educação superior, certo? É gratuito?

TAXISTA: Entendo seu ponto.

ENTERTAINER: O meu, não, não é o meu ponto. É o feijão com arroz da administração pública, essa é a essência. Tudo que for diferente disso está deturpando a essência. Se eu vier de lá até aqui de *skate*, por exemplo, qual meio de transporte eu vou estar usando? O *skate*. O *skate* é um meio de transporte porque pega a massa do corpo humano e desloca ela fisicamente de um lugar para outro. Eu estudo isso há dez anos, hoje você está entendendo melhor. Pertenço a uma organização, uma associação de trabalhadores. A única que propõe criar um curso técnico e o Conselho Federal de Motoristas.

TAXISTA: Como se chama?

ENTERTAINER: Associação Brasileira de Trabalhadores.

TAXISTA: E vocês não brigam?

ENTERTAINER: Os presidentes de outros sindicatos são contra nossa ideia. Com as novas exigências, vocês receberiam a carteira profissional de motorista e a carteira do Conselho. A partir dessa mudança, todas as pessoas que quiserem ser motoristas terão esse direito, como em qualquer outra profissão Mas só vai poder ser motorista quem preencher os requisitos. [*para um mendigo*] Não, querido, dinheiro eu não tenho, me desculpe.

TAXISTA: Chegamos.

ENTERTAINER: Pode tirar vinte. Esse é um dos meios pra gente transformar o país da utopia e dos sonhos em realidade. Che Guevara tinha uma frase que, como é mesmo?... É... Ele não está... Como é que é? Não me chame para a colheita, eu estou a semear. A Associação tem um Centro de Lazer. Fica com meu cartão. E apareça pra uma visita.

8. ENTREVISTA

TAXISTA: Quando escuto Schoenberg, Stravinsky, quando vejo Bernstein regendo a Filarmônica de Viena, eu penso no século 20. No Holocausto. Esses nomes me lembram que o século 20 foi capaz de produzir algo como o Holocausto. De um lado, Mickey Mouse, do outro, Auschwitz. Um século em que as pessoas quiseram sair correndo. Correndo quando viram pela primeira vez a imagem de um trem na tela do cinema. Eu também ficaria assustado. Essas lembranças formam um álbum de figurinhas na minha cabeça e eu me pergunto: se, daqui a cem anos, alguém decidir olhar para nossa época, quiser escrever sobre ela, o que falaria? O que iria ver, que figurinhas teria no álbum? O que esperar de um século que começa com o 11 de setembro?

9. A PROFESSORA II

PROFESSORA: Pode existir liberdade em meio às instituições? Não, não pode. E, sim, pode. Alguma liberdade. Mas acreditar que podemos nos fazer essa pergunta respeitando os limites da política atual é a pior de todas as ilusões.

Ela funga.

10. O COCAINÔMANO

TAXISTA: Eu vinha à noite pela Presidente Vargas quando um cidadão acenou. Eu gostava de desativar o sistema às vezes e pegar os passageiros na rua. Me dava uma estranha sensação de liberdade diante do imprevisível. Um pequeno prazer. Nós vamos aonde?

JACKSON: Praia do Pepê, 107.

TAXISTA: Quando olhei pelo retrovisor, o homem estava se masturbando, com o dedo nos lábios, fazendo bilu-bilu como se brincasse com um bebê. Achei inusitado, mas não disse nada. Pra corrida não passar em branco, quando estávamos chegando, perguntei o nome dele.

JACKSON: Jackson.

TAXISTA: Deu 85.

JACKSON: Não tenho dinheiro.

TAXISTA: Como não tem dinheiro?

JACKSON: Não tenho.

TAXISTA: Você é louco?

JACKSON: Sim.

TAXISTA: Jackson, eu vou quebrar sua cara.

JACKSON: Pode quebrar.

TAXISTA: Falando sério.

JACKSON: Eu também.

TAXISTA: Não quero te bater.

JACKSON: Pode bater.

TAXISTA: Vou chamar a polícia.

JACKSON: Chama.

TAXISTA: Idiota.

JACKSON: Sou.

PORTEIRO: Jackson, sua mãe está desesperada te procurando! Motorista, espere um pouco, a mãe dele está vindo e vai pagar a corrida.

MÃE: Meu bebê, a mamãe estava preocupada com você, amor. Moço, quanto é ?

TAXISTA: Trezentos e cinquenta.

MÃE: Meu filho tem problemas mentais, ele fugiu da clínica.

TAXISTA: Então é louco mesmo?

MÃE: Ele não entende metáforas. Não se preocupe, eu vou te pagar, mas antes temos que ir a uma delegacia fazer o boletim de ocorrência. Deixe o relógio ligado.

TAXISTA: Eram duas da manhã. No caminho ela me contou um pouco da história do filho. Contou que deu esse nome a ele por causa de Jackson Pollock, o pintor. Que era formado em educação física e namorou a filha de um grande empresário do ramo de joias. Jackson era um homem bonito, reconheço, mas algo nele estava em profundo desequilíbrio, e sua presença era a própria materialização da angústia. Cocaína, ela disse. Jackson, por que você não para de cheirar essa porra?

JACKSON: Porque eu gosto, amiguinho.

TAXISTA: Não tem vontade de parar?

JACKSON: Tenho, amiguinho.

TAXISTA: Então por que não para?

JACKSON: Porque eu não consigo.

TAXISTA: Ainda tinha que levá-lo de volta ao hospital.

JACKSON: Nós vamos com ele, mamãe?

MÃE: Vamos, sim, filhinho.

JACKSON: Ele é legal.

MÃE: É, sim, meu amor.

JACKSON: Ele é meu amiguinho.

11. A EXECUTIVA

TAXISTA: Parei o carro em frente ao Tribunal. Entrou uma mulher linda, executiva, olhos confiantes e unhas vermelhas. Uma metáfora gasta, uma versão burocrática da Primavera de Botticelli. Um clichê.

EXECUTIVA: Pra antiga fábrica de tecidos, por favor. Acontecem muitas coisas aqui, no seu táxi?

TAXISTA: Algumas.

EXECUTIVA: Coisas esquisitas?

TAXISTA: Outro dia entrou um casal de mulheres e uma delas falou, hoje você vai chupar meu pau. A outra respondeu, chupo até você gozar. Não aguentei, olhei para trás e elas se irritaram: o que foi, infeliz, nunca viu mulher, não?

EXECUTIVA: Sabia que eu tenho uma fantasia sexual?

TAXISTA: Eu.

EXECUTIVA: E que você faz parte dela?

TAXISTA: Transar comigo com o carro andando?

EXECUTIVA: Não.

TAXISTA: Então.

EXECUTIVA: Me masturbar aqui, no banco de trás, enquanto você dirige pra mim.

TAXISTA: Ela tirou a calcinha e começou, *straight to the point*. Fiquei ali, sufocado, ouvindo aqueles barulhinhos, a respiração, ao mesmo tempo em que me esforçava pra me concentrar. Ela se debatia. Sabia que eu também tenho uma fantasia sexual?

EXECUTIVA: Jura?

TAXISTA: Comer uma passageira no banco de trás.

EXECUTIVA: [*chegando ao orgasmo*] Você está tirando minha concentração, *honey*! Comporte-se, seu selvagenzinho!

TAXISTA: Chegando à antiga fábrica, que, diga-se de passagem, fica na casa do caralho e foi transformada em shopping center, ela me deu o triplo do valor da corrida e se despediu.

TAXISTA: Moça. Por que eu?

12. NO CENTRO DE LAZER

Foste há dois meses.
Apenas a matéria.
Tua presença havia ficado.
Afinal, a cada dois meses
Ia vê-lo em Tietê.
Achava que ia rever
A chácara onde vivi.
Achava que ia recordar
Repassar o passado.
Mas hoje, quando tive
Desejo de voltar,
Fiquei sem saber o que visitar.
Tietê? A chácara?
Queria ver-te.
Eras a síntese da família.
Do passado. Dos que se foram.
Quanta história em tua presença.
Antes de ires, teu corpo foi minguando.
Saía de ti um pouco do passado
E das lembranças.
Minguaste até desapareceres.
Míngua em mim
O desejo da visita.

Palmas. Surge o Entertainer como mestre de cerimônias. O motorista se aproxima de um dos presentes, um médico Neurologista. Em um canto, está a Professora.

TAXISTA: Que porra foi essa que esse cara leu?

NEUROLOGISTA: Um poema do presidente.

TAXISTA: Da Associação?

NEUROLOGISTA: Não. Da República.

ENTERTAINER: Obrigado, obrigado. Boa noite! Hoje eu tenho o prazer de dizer a todos que continuam as nossas gincanas, uma oferta dos purgantes Brandão. Temos hoje também a colaboração do conjunto Black and White, que está aqui presente. Aplausos, senhores, por favor, para a banda Black and White! Uma salva de palmas pra eles, que dão a maior colher de chá para os nossos calouros. Agradecemos também ao Ministério do Trabalho, que sempre nos prestigia com seu apoio institucional. Eu vou chamar o primeiro candidato de hoje, que é o senhor Antônio Carlos Fragoso, mais conhecido como Empalhadinho da Mangueira. Uma salva de palmas pro nosso Empalhadinho! E então, gostou do nosso auditório?

EMPALHADINHO: O pessoal da Mangueira manda agradecer.

ENTERTAINER: Já cantou alguma vez na vida?

EMPALHADINHO: Cantei, mas não deu em nada.

ENTERTAINER: E tem vontade de tentar outra vez, certo?

EMPALHADINHO: Com certeza.

ENTERTAINER: Qual é sua profissão? Eu gosto de saber a profissão das pessoas.

TAXISTA: Esse lugar é delirante... Aqui não é o Centro de Lazer da Associação de Trabalhadores?

NEUROLOGISTA: A razão, meu caro, tem mais buracos que um queijo suíço. O cérebro é como um bom advogado: quando tem algum interesse, trata de convencer o mundo inteiro que está certo. E, como um advogado, quer vitória, não verdade. E, como um advogado, é muitas vezes mais admirável pela habilidade que pela virtude. Bem-vindo à Associação.

ENTERTAINER: Mas o que deu em você de querer vir cantar aqui no nosso Centro?

EMPALHADINHO: Quero ser artista.

ENTERTAINER: Por que você quer ser artista?

EMPALHADINHO: Quero ser famoso.

ENTERTAINER: Então tem que trabalhar muito, viu, dar um duro danado pra ser famoso. Já escolheu a música, ensaiou direitinho?

EMPALHADINHO: Tenho que ensaiar ainda.

ENTERTAINER: Como vocês me mandam aqui um sujeito que não ensaiou? Depois eu vou conversar com vocês, vou cortar metade do cachê, tá certo? Essa mania de escolher uma música que não está de acordo com a personalidade.

EMPALHADINHO: Mas dá pra fazer.

ENTERTAINER: Dá pra fazer?

EMPALHADINHO: Dá pra fazer.

ENTERTAINER: Muito bem, então vamos ouvir o seu Empalhadinho da Mangueira! Faz favor.

NEUROLOGISTA: Vou te dar um exemplo.

TAXISTA: Obrigado, não estou interessado.

NEUROLOGISTA: Escuta.

TAXISTA: Só quero me distrair um pouco.

NEUROLOGISTA: O homem é um animal presunçoso. Sabe por quê? Como funciona uma descarga? Está vendo? Física do segundo grau, a gente não consegue explicar! A gente acha que sabe muito mais do que sabe realmente e essa é a pior das ilusões! E por que vivemos essa mentira? Para poder agir. Para poder agir. Uma avaliação realista e completa antes de qualquer ação e nos perderíamos em dúvidas, nunca faríamos nada! A solução que a evolução deu foi: pare de fazer perguntas, considere que você já sabe tudo e aja. Assim, nós conseguimos mandar o homem à Lua, criar instituições razoavelmente funcionais e construir privadas que funcionam.

ENTERTAINER: Cala a boca, Empalhadinho! Isso é música pra vir cantar aqui? Pode se retirar! Retire-se, tem muita gente na fila e eu estou em cima da hora.

EMPALHADINHO: O senhor não pode me dar mais uma chance antes do comercial?

ENTERTAINER: Pode sair, pode sair que não tem chance.

EMPALHADINHO: Tudo de vocês aqui é na pressa, tudo com pressa.

ENTERTAINER: Não é pressa, eu tenho horário, é o patrocinador, estou perdendo meu tempo com você. Não tem chance nenhuma, muito obrigado.

EMPALHADINHO: Tudo com pressa.

ENTERTAINER: Tudo bem, o senhor vai ter sua chance.

EMPALHADINHO: É pra ajudar na compra da minha dentadura.

ENTERTAINER: Qual é o nome da música?

EMPALHADINHO: "Sou filho do piloto".

ENTERTAINER: "Sou filho do piloto"?

EMPALHADINHO: "Sou filho do piloto".

NEUROLOGISTA: Sou médico e você?

TAXISTA: Músico.

NEUROLOGISTA: Quer jogar uma partida de fliperama?

TAXISTA: Meu caro, quer dizer, doutor. Muito obrigado, mas eu estou bem aqui, só quero me distrair um pouco.

NEUROLOGISTA: Ora, não seja tão sério! Vamos aproveitar o prazer da interação! O fliperama é um mundo sem regras, vamos jogar!

ENTERTAINER: Sai daqui, Empalhadinho! Sai daqui que eu estou perdendo meu tempo com você. Desaparece! Porteiro, faz favor de botar o Empalhadinho pra fora! Amigos, me desculpem, de vez em quando acontecem essas coisas por aqui.

Eu quero dizer a todos vocês que, na semana que vem, nós vamos ter um novo patrocinador, a pílula anticoncepcional do cachorro.

NEUROLOGISTA: Quando a gente joga, um mundo novo é criado, entende?

TAXISTA: Engraçado! Quando eu era criança, achava que a minha vida era o sonho de um gigante. Como se ele, o gigante, fosse um deus, criador do jogo que é a minha vida.

NEUROLOGISTA: É isso. É exatamente como o seu gigante.

ENTERTAINER: Doutor, como anda o jogo de fliperama?

NEUROLOGISTA: Uma caverna subterrânea uma jazida de diamantes corri para cavar um monstro apareceu tive que correndo na direção contrária estava escuro encontrei um beco sem saída despenquei num buraco uma tocha vários monstros corriam em minha direção era a morte imediata do meu pequeno avatar.

ENTERTAINER: Poxa vida, rapaz, que coisa! Que pena... Vamos ao anúncio do nosso patrocinador. Nós temos aqui esse livrinho, *There once lived a woman who tried to kill her neighbour's baby*, de Ludmilla Petrushevskaya. São histórias sobrenaturais, horripilantes, que acontecem com pessoas comuns depois de um acidente, um ataque cardíaco, o nascimento de um bebê. Enfim, eventos marcantes em suas vidas.

PROFESSORA: Não é aquela escritora que foi perseguida na antiga União Soviética?

O Entertainer atira o livro nela.

ENTERTAINER: Que perseguida, o quê! Perseguida nada! Tá maluca, porra? Perseguida é o caralho!

13. INTERLÚDIO OU A PROFESSORA III

Os cartógrafos da Idade Média desenhavam o mapa-múndi até certo ponto e depois colocavam monstros e abismos, uma maneira de evitar que os navegadores quisessem ir mais longe. E nós? O que aconteceria se ousássemos abandonar o sistema de representação política? O caos, alguns diriam. A tirania, a desordem, todas as catástrofes imagináveis. Os nossos monstros e abismos. A noção de representação é um fóssil, até os liberais admitem isso. Mas, no mundo deles, quem define as rotas de navegação é o mercado, uma instância antipolítica e antidemocrática, que nos reduz à condição de compradores e vendedores.

Ela funga.

Descobrir que o que achávamos que fosse a solução não resolve nossos problemas e ainda cria outros, novos. Admitir que quem nos governa, em alguma medida, não interessa qual, chegou até lá com nosso consentimento. Foda, não é? Então gritamos, fora, fulano!, fora, beltrano!, mas isso não nos exime. Não exime nem autoriza a crer que basta eliminá-los. É difícil reconhecer a humanidade de um Hitler? De um Stalin? Talvez para nós, protegidos que estamos pelo olhar da história, que já fez seu julgamento. Mas será que se qualquer um de nós aqui tivesse a chance de jantar com o presidente da República, sua mulher, seu filho de oito anos. Se ele nos contasse sobre sua infância em Tietê, seus sonhos de criança, seus poemas. Será que, depois de tudo isso, teríamos vontade de eliminá-lo simplesmente?

Ela cheira cocaína.

Vou compartilhar um segredo com vocês: a cura para o câncer é parar de ler jornal. Tanta informação pra se defender de quê? Da perda da própria individualidade? Que indivíduo? Alguém aqui realmente acredita nisso, que tem o poder de trazer para si o controle da própria vida? Ouça. Ouça o que você diz. Tudo já foi dito e nós, nós somos apenas território de passagem para o mesmo velho cortejo de ideias.

Ela cheira.

Sócrates e Platão, duas bestas. Conhecer a si mesmo? Como, se já não sou a mesma de um minuto atrás? Inventa-te a ti mesmo! Inventa-te. Quem mergulha duas vezes no mesmo rio? Apaixone-se. Se entusiasme. Não estou falando de otimismo. Entusiasmar-se é ter um deus dentro de si.

Silêncio.

Comigo até aqui. Escuta. É um pedido. Um convite. Não come, não fode, não vive, se for o caso. Mas escuta. Faça um gesto de interrupção. Escuta.

14. A CARTA

Senhora Presidente,

Verba volant, scripta manent. As palavras voam, os escritos permanecem. Por isso lhe escrevo. Desde logo digo que não é preciso alardear publicamente a necessidade de minha lealdade. Tenho-a revelado ao longo desses cinco anos, lealdade institucional pautada pelo artigo 79 da Constituição Federal. Sei quais são as funções do vice. Entretanto, sempre tive ciência da absoluta desconfiança da senhora e de seu entorno em relação a mim e a meu partido. Desconfiança incompatível com minha natural discrição e com o que fizemos para manter o apoio a seu governo. Vamos aos fatos. Passei os quatro primeiros anos de governo como vice decorativo. A senhora sabe disso. Jamais eu ou meu partido fomos chamados para discutir formulações econômicas ou políticas do país. Éramos meros acessórios, secundários, subsidiários. Quando a senhora me pediu para assumir a coordenação política, num momento em que o governo estava muito desprestigiado, eu a atendi e fizemos aprovar o ajuste fiscal. Tema difícil, porque dizia respeito a trabalhadores e empresários. Não titubeamos, estava em jogo o país. Até o programa "Uma Ponte para o Futuro", aplaudido pela sociedade e cujas propostas poderiam ajudar a recuperar a economia, foi tido como manobra desleal. No entanto, passado esse turbilhão, sei que o país encontrará sua maneira de seguir com tranquilidade. Mas, infelizmente, sei também que a senhora não tem confiança em mim hoje e não terá amanhã. Essa é minha convicção.

Brasília, 7 de dezembro de um ano qualquer.

15. ENTREVISTA II

TAXISTA: A cada obra, a cada livro, digo a mim mesmo: dessa vez vai ser diferente e eu não vou me estropiar tanto. Experiência, sangue-frio. Qualquer coisa que me faça escapar da vertigem que me dilacera e destrói e quase custa minha sanidade mental. Então vejo a barbaridade, a vulgaridade dos ditos artistas diante dos meus olhos e, sem perceber, estou de novo afogado em um redemoinho de angústia, impotência e frustração.

16. KALASHNIKOV

TAXISTA: Cheguei lá, no centro da cidade, e vi uns garotos sentados no chão. Espera aí, vocês não estão revoltados? Que revolta é essa que vocês sentam no chão e dizem é um protesto pacífico?

PASSAGEIRO: Instituições.

TAXISTA: A Revolução Francesa foi pacífica? A Revolução Russa? Invadiram o palácio com foice e enxada, levaram Maria Antonieta para a forca! E aqui? Eu vou colocar você lá, no poder, e sabe o que vai acontecer? Você vai fazer igual. Você já não faz diferente no dia a dia, é uma questão de circunstância. São o quê?

PASSAGEIRO: O quê?

TAXISTA: Você mesmo disse.

PASSAGEIRO: Eu?

TAXISTA: As instituições.

É a solidão, pungente, dolorosa.
Antes, eram tantos.
Tantos eram
Que eu não percebia
Que um dia
Iriam
E não diriam adeus
Nem até breve.
Desapareceriam
Simplesmente
E nem perceberiam
Que haviam me deixado.
Porque
Na verdade
Eu é que os deixei.
Não são eles
Sou eu
O autor
Da minha solidão.

PASSAGEIRO: Você tem outro emprego?

TAXISTA: Ninguém mais tem. Sou violinista, toquei na orquestra do Teatro Municipal, fui *spalla* de lá.

PASSAGEIRO: Muito legal, hein?

TAXISTA: Legal, mas não tem mais orquestra, não tem mais escola, não tem mais nada. Estão acabando com tudo.

PASSAGEIRO: Então você tocava?

TAXISTA: Eu era profissional. Era não, sou. Teve um problema de fraude e a orquestra está sob investigação. Corte orçamentário, pescoços nas cordas, amigos sem receber, demitidos, tudo desmoronando. Eu dou aula particular. Vou até a casa dos alunos, porque a minha não está em condições de receber ninguém, a sala está cheia de infiltrações, a parede estragada.

PASSAGEIRO: Você estudou onde?

TAXISTA: Universidade Livre de Música. Não existe mais.

PASSAGEIRO: Bonito nome.

TAXISTA: Vi coisas inacreditáveis ali, inacreditáveis. Os professores não tinham a menor autonomia, quem mandava eram as assistentes sociais, que não entendiam nada nem de música, nem de sociedade, e viviam em um mundo marxista, digamos, utópico. Ninguém fazia chamada, de tão poucos que iam, mas a Secretaria fazia vista grossa. A lista era enorme. Precisavam de números, números para o orçamento.

PASSAGEIRO: Falta de caráter.

TAXISTA: Não sou um sujeito moralista. Aliás, acho que o jeitinho tem um papel importante: às vezes é preciso mentir para os outros pra não mentir pra si. Já parou pra pensar que, se não fosse o nosso jeitinho, nenhum escravo teria sobrevivido?

PASSAGEIRO: Eles sobreviveram?

17. ENTREVISTA III

TAXISTA: Não há nada mais detestável que um revolucionário quando chega ao poder. Veja Stalin, por exemplo, que degenerou os ideais comunistas em regras violentas para todas as esferas da vida, inclusive a arte. Talvez você esteja se perguntando se eu não agi de forma tão animalesca quanto um brucutu da polícia soviética, mas há, aqui, uma diferença fundamental de escala e, principalmente, de mérito: eu sei do que estou falando. Eu converso com pessoas o dia inteiro, gente de todo tipo, que viu e ouviu de tudo. Como vou tolerar um sujeito, não importa o cargo que ocupe, escrevendo certos tipos de barbaridade? O presidente da República, com esses poemas, está prestando um desserviço. Tudo bem, você pode ter uma opinião diferente. Essa é a beleza da arte.

18. KALASHNIKOV II

PASSAGEIRO: As pessoas gostam de dizer que o problema foi a roubalheira, não é? Eu não. Você tinha uma mercadoria que valia 120 dólares, o barril, e passou para 27. Acabou, não acabou?

TAXISTA: Acabou.

PASSAGEIRO: A Venezuela acabou, não acabou?

TAXISTA: Acabou.

PASSAGEIRO: A galinha dos ovos de ouro morreu. Eram carretas e carretas de dinheiro entrando nas empresas, nos bancos, na imprensa. Ninguém ia pegar. Quando a fonte secou, aí, sim, começaram a aparecer os problemas. Cadê a porra do dinheiro? Não estão mais dando dinheiro pra gente? O que houve? Eu ia adorar fazer uma visitinha pro governador, estou com uma metralhadora Kalashnikov nessa maletinha aqui. Calma, rapaz, tá nervoso? O filho da puta tinha tudo pra ser presidente da República, com as obras, o governo que ele fez. Acabou, não tem valor.

TAXISTA: O governador?

PASSAGEIRO: Conheço faz tempo. Cresceu no pé do morro do Urubu. Muita maconha, muita cocaína. Você acha que viu de tudo nesse carro, não é? Eu também. Vi esse cara doidão, trincado. Ninguém precisa me dizer. Eu vi. Aqui do meu lado, assim. [*ele funga e, em seguida, mostra uma foto*] Esse moleque é meu filho. Auditor fiscal, termina o curso de direito esse ano, quer ser procurador. Aí eu vou botar pra foder, mandar esses filhos da puta todos pra cadeia, entendeu? Ele está estudando feito um bicho. É um idealista.

19. NO CENTRO DE LAZER II

NEUROLOGISTA: Vamos ao Centro de Lazer, por gentileza.

TAXISTA: Doutor? Nos conhecemos de lá, não lembra?

NEUROLOGISTA: Estou com um grande problema.

TAXISTA: Doença?

NEUROLOGISTA: Não.

TAXISTA: Mulher?

NEUROLOGISTA: A minha. Não me procura mais.

TAXISTA: Ora, você está sendo corneado!

NEUROLOGISTA: Como fala comigo desse jeito?

TAXISTA: Você não perguntou? Onde ela trabalha?

NEUROLOGISTA: No aeroporto.

TAXISTA: Corneado, e com motorista de táxi.

ENTERTAINER: Querido, você veio!

TAXISTA: Eu já tinha.

O Entertainer abraça o motorista.

TAXISTA: A gente não vai ter que ouvir aquelas porras de poema do.

NEUROLOGISTA: Meu caro. Eu matei minha mulher.

TAXISTA: Ah! Por isso que ela não te procura mais.

ENTERTAINER: Boa noite, senhoras e senhores, boa noite! Estamos aqui novamente com a nossa gincana, testando a capacidade e o conhecimento musical dos nossos associados. Um oferecimento do Ministério do Trabalho e da pílula anticoncepcional do cachorro. Quer dizer, se você não quiser castrar sua cadelinha, dê a ela a pílula anticoncepcional que tudo vai ficar bem. Nosso desafiante de hoje é Wanderley, o campeoníssimo. Alguém se habilita a enfrentá-lo?

NEUROLOGISTA: Vai lá, piloto.

TAXISTA: Estou bem, obrigado.

ENTERTAINER: Você? É sua primeira vez, não?

TAXISTA: Putz.

ENTERTAINER: Temos aqui o nosso campeoníssimo, Wanderley, que já conhece as regras. E você?

TAXISTA: Eu só vim descansar um pouco.

ENTERTAINER: É o seguinte, eu vou dizer uma palavra e você tem que adivinhar qual é a música. Está preparado?

TAXISTA: Eu vou embora.

ENTERTAINER: A primeira palavra é...

EXECUTIVA: *Hello, honey!* [*o Neurologista se assusta*] Oh! Te assustei, *sweetheart*? Calma! Minha amizade não mata...

ENTERTAINER: Muito bem! Nosso campeoníssimo já começou ganhando um milhão. Vamos continuar?

TAXISTA: Aí tem truta.

ENTERTAINER: Como assim, truta? Não senhor. Não tem truta coisa nenhuma.

TAXISTA: É filho de mãe viúva, só pode.

ENTERTAINER: Não conheço nem a família do rapaz! Não tem truta, não tem nada. Atenção para a segunda palavra...

EXECUTIVA: Você consegue curar meu complexo de Electra?

NEUROLOGISTA Não sou psiquiatra.

EXECUTIVA: Só me apaixono por homens parecidos com meu papai.

ENTERTAINER: Mais um milhão pro nosso campeoníssimo: Wanderley! E aí, desiste ou vai continuar?

TAXISTA: Vou até o fim.

ENTERTAINER: Até o fim?

TAXISTA: Ver até onde vai essa truta aí.

EXECUTIVA: Você não vai me negar um favor, vai, doutor? Olha pra mim... A gente aproveita e faz um passeio romântico em Brasília... São negócios, *honey*... *Business!* Oh! Você está tremendo, *sweetheart*? Meu Deus, como você é puro!

ENTERTAINER: Não valeu. Infelizmente não valeu. Vamos continuar.

TAXISTA: Pode continuar, mas dinheiro pra mim que é bom, nada, né?

ENTERTAINER: Vai ter dinheiro quando você acertar! Agora, a palavra é uma e você vem com outra!

TAXISTA: Isso é truta!

ENTERTAINER: Todo mundo ganha aqui.

TAXISTA: Aí tem truta.

ENTERTAINER: Não tem truta, não senhor. Não tem truta, não tem mãe viúva e não tem nenhum conhecimento prévio aqui, está bem? A palavra é...

EXECUTIVA: Dinheiro não é problema, *honey*. Então: seu amiguinho pode levar a gente? [*vê o motorista*] Oh! Selvagenzinho! Ai, meu Deus, essa viagem vai ser uma delícia! Eu, você e o selvagenzinho vamos formar uma comitiva para Brasília!

ENTERTAINER: Para! Pode parar que eu tenho horário aqui.

TAXISTA: Aí tem truta!

ENTERTAINER: Temos aqui o nosso vencedor, o campeoníssimo!

TAXISTA: Dá um beijo nele!

ENTERTAINER: Não tem truta coisa nenhuma!

TAXISTA: Combinação!

ENTERTAINER: Combinação? É combinação? Então prove!

TAXISTA: Tem truta! Agora, eu faço uma aposta contra vocês.

ENTERTAINER: Eu estudei o roteiro dessa gincana, sou um socialista, trabalho com isso e conheço, tenho conhecimento de música.

TAXISTA: Pode estudar à vontade. Eu aposto tudo que eu tenho contra o que vocês acabaram de ganhar, tudo!

ENTERTAINER: Eu tenho estudo sobre música e ele é um campeoníssimo!

TAXISTA: Vocês dois contra mim!

ENTERTAINER: Tudo bem. Todo o dinheiro. Tudo!

20. ARMA

MULHER:	[*com um taco de beisebol*] Siga aquele carro. Não perca ele de vista em hipótese alguma.
TAXISTA:	Eu adorava essas corridas.

EMPREGADO: Minha patroa, pare com isso. O patrão foi iludido por essa mulher. Tenha bom senso, vamos voltar. Homem é bicho selvagem.

MULHER: Homem? Você vai ver quem é bicho aqui. Quando ele sair, tranque a saída do motel.

TAXISTA: Não posso fazer isso, senhora. Ele bate no meu carro e eu vou ficar no prejuízo.

MULHER: [*jogando dinheiro no colo do motorista*] Resolve?

TAXISTA: Dou até porrada, se precisar.

EMPREGADO: Não faça isso, piloto, não atice. Minha patroa, o patrãozinho está sendo enganado, tente uma conversa, sem violência.

MULHER: Quer calar a boca?

TAXISTA: Tem que quebrar tudo mesmo.

EMPREGADO: Piloto, você já tá com seu dinheiro.

MULHER: Cala a boca!

O casal sai do motel.

EMPREGADO: Minha mulher... Meu Deus... Vagabunda...

O Empregado se dirige ao casal com o taco de beisebol nas mãos.

21. O DESEJO

Foram 1.167 quilômetros até a Praça dos Três Poderes. Catorze horas e oito minutos pela BR-040. Fomos os três: eu, o doutor e a Primavera de Botticelli. Enquanto eles trepavam no banco de trás, eu me entregava a meus próprios pensamentos. Primeiro o carro tomou a forma de um dragão. Eu dava comandos com a rédea e ele retribuía com fogo sobre a paisagem. Eu mal via o caminho, lembro apenas do frio. O animal sobrevoava a planície branca de neve, uma ou outra montanha. Tudo neve. Tentei gritar, mas consegui apenas grunhir uma exclamação confusa. A cidade... A cidade... Eu não via nada além da brancura desoladora que invadia o céu, como se a vida de todas as coisas tivesse se tornado repentinamente estúpida. O doutor dormia, mas a Executiva estava acordada, me olhando fixamente. O rosto enorme, olhos rutilantes também de gelo, quietos, nenhuma contração violenta ou expressão de ódio. Impassibilidade, apenas, uma impassibilidade egoísta, surdez e vontade imóvel. E eu ainda assim a ouvi dizer, idiota... idiota... Então olhei na direção das encostas da estrada e vi, através do nevoeiro, uma cena assustadora. Todas as raças, todas as paixões, o tumulto dos impérios e das civilizações, os apetites e ódios dos palácios, a destruição dos seres e das coisas. Eu vi a sucessão dos séculos e cada um deles trazia seu cortejo de sistemas e ilusões. O flagelo, a delícia, a glória e a miséria. A cobiça que devora, a cólera que incendeia, a inveja que baba. Ambição, fome, vaidade, melancolia, riqueza, todas agitando o homem como um chocalho, até destruí-lo. E ele corria, de forma inevitável, atrás da figura de retalhos. Um nebuloso, um impalpável, um invisível, todos costurados precariamente com a agulha da imaginação. Essa figura, que apenas se deixava agarrar pelas pernas e logo depois escapava, era a quimera, a quimera da felicidade. E ela ria, como um escárnio, e sumia, como uma ilusão.

Paramos em frente ao Palácio. O presidente estava passando com uma comitiva. Me aproximei e, ao furar o bloqueio, um de seus homens veio violentamente de encontro a mim. O presidente fugiu, mas consegui me desvencilhar do segurança e o agredi com o taco. Eu havia chegado até ali, era preciso agir. Muitos golpes na cabeça, muitas vezes, até que ele estivesse boiando em uma poça de sangue. E o mais interessante eu não sabia: minha decisão já havia sido tomada, horas antes, por minhas vísceras, sobre a planície nevada. Não raciocinei.

22. ENTREVISTA IV

TAXISTA: Os santos eram atados com cordas a uma árvore e podiam ser martirizados durante dias. Com garras de ferro, flechas, lanças e mordidas de animais. Arrancar dentes, olhos, cortar língua e órgãos genitais, pouco a pouco o couro cabeludo, até descobrir o crânio. Não posso reclamar do tratamento na cadeia, o *staff* da penitenciária é muito amável comigo. [*Um carcereiro serve um prato de carne crua*] Obrigado.

ENTREVISTADOR: Estamos ao vivo, você poderia nos responder algumas perguntas?

TAXISTA: Pois não.

ENTREVISTADOR: O que o levou a fazer isso?

TAXISTA: Isso o quê?

ENTREVISTADOR: Por que cometer um atentado contra o presidente da República, tentar matá-lo?

TAXISTA: Não sei onde você quer chegar com essa pergunta, mas em respeito ao público: tentei matar o presidente porque ele está atrapalhando a vida das pessoas. A vida de todo mundo, inclusive a sua. Mas, sobretudo, tentei me livrar desse sujeito porque ele é muito mau poeta e está prestando um desserviço à pólis. Gesto desmedido, tresloucado? É minha declaração de amor à arte contemporânea.

ENTREVISTADOR: De onde você tira essas ideias?

TAXISTA: Eu converso com muita gente. Eu vejo. Eu ouço.

ENTREVISTADOR: Por que matar?

TAXISTA: Eu era taxista. Se você um dia quiser ser taxista, vai ter que fazer parte de uma empresa, que vai te explorar. Se não fizer, vai ser escravizado por alguém, que vai te explorar. Eu trabalhava dias seguidos sem dormir e isso não foi suficiente para estancar as infiltrações na sala da minha casa, que está úmida e com cheiro de cocô.

ENTREVISTADOR: Por que não taxista autônomo?

TAXISTA: Qual é o seu problema? Vai me comprar uma autonomia de táxi? Eu trabalho para um patrão que não tem cara, que eu nunca vi. Que se faz presente apenas como subtração de uma parte do que eu ganho todos os dias. Você sabe quanto custa uma autonomia, quanto um taxista ganha por semana? Quer que eu morra de trabalhar, que eu não durma? Quanto você ganha por semana?

ENTREVISTADOR: Estamos aqui para escutar você.

TAXISTA: E eu estou falando.

ENTREVISTADOR: Você esteve em Brasília com um homem acusado de ter matado a mulher?

TAXISTA: Estive em Brasília com um casal de amigos.

ENTREVISTADOR: Espera convencer alguém com seus métodos?

TAXISTA: Eu não quero convencer ninguém, não preciso. Estou preso em uma solitária, as únicas pessoas que vêm me visitar são o advogado da defensoria e um voluntário da igreja. Eu vou morrer. Vou morrer e você vai ver meus miolos escorrendo pelo corredor. Vai mostrar isso na TV também, pras donas de casa se divertirem antes da novela? Vai me pagar por isso, pela exposição da minha cara estourada na televisão? Eu sei que não resolve. Eu sei. Mas não aguento mais ouvir, entende? Eu simplesmente não aguento mais ouvir.

ENTREVISTADOR: Desista.

TAXISTA: Você já esteve numa prisão?

ENTREVISTADOR: Não.

TAXISTA: Então enfie sua dialética no cu e vamos falar sobre algo que você conheça. Quanto você ganha por semana?

ENTREVISTADOR: O que você estava fazendo na Praça dos Três Poderes?

TAXISTA: Reunião de negócios.

ENTREVISTADOR: E o taco de beisebol?

TAXISTA: Comprei de uma passageira.

ENTREVISTADOR: Com que dinheiro?

TAXISTA: Ganhei numa aposta.

ENTREVISTADOR: Sabia que o homem que você agrediu está em coma?

TAXISTA: Não.

ENTREVISTADOR: Pois está.

TAXISTA: Eu sinto muito.

ENTREVISTADOR: Que era segurança do presidente, um motorista? Um trabalhador igual a você?

TAXISTA: Sinto muito.

ENTREVISTADOR: E então: não se arrepende?

O Carcereiro cochicha no ouvido do Entrevistador. A transmissão é interrompida.

ENTREVISTADOR: Mandaram avisar que dona Teresa morreu.

23. A PROFESSORA IV

O que fazer? Política é a crença improvável e aparentemente louca de que podemos ser outros, viver de outra forma, fundar novos mundos. Insistência em nos reinventar a partir da pressão por outros modos de existir. Não temos o direito de renunciar a isso como se fosse mera abstração ou utopia. Por que perdemos a capacidade de escutar nossas paixões, como se a única forma possível de existência fosse essa, que nos oprime? A boa questão talvez não seja, o que fazer? Mas, o que aconteceu com nossa imaginação para que nos perguntemos tanto, e tão desesperadamente, o que fazer?

24. O AMOR

O Taxista está com um peso atado a uma das pernas.

NAMORADA: Vamos atrás da minha mulher. Sei que vocês se conhecem do Centro de Lazer.

TAXISTA: Se você souber onde ela está, vamos até o inferno!

Ela telefona.

NAMORADA: Praça da Bandeira. [*telefona*] Uruguai. [*telefona*] Doutor Satamini. [*telefona*] São Carlos. [*telefona*] Lapa. [*telefona*] Viúva Lacerda. [*telefona*] Anita Garibaldi.

TAXISTA: Você tem dinheiro pra me pagar? Essa corrida está dando um absurdo.

NAMORADA: Dinheiro não é problema, minha mulher é professora universitária.

TAXISTA: Ela está é te fazendo rodar a cidade inteira!

NAMORADA: O que eu faço?

TAXISTA: Ela está bebendo, senhora.

NAMORADA: Cocaína.

TAXISTA: Vá para casa, aguarde. É o melhor a fazer. Ela passa muitos dias fora?

NAMORADA: Nove dias, da última vez.

TAXISTA: Caralho!

NAMORADA: Eu pensei que ela fosse perfeita.

25. EU, QUIMERA

TAXISTA: Quando eu era criança, pensava que a vida fosse o sonho de um gigante. Que tudo era inventado. E, por mais assustador que fosse, eu desejava que um dia ele pudesse acordar. Agora, depois de tudo, somados os prós e contras, alguns dirão que tive sorte, que tive o que mereci. Não importa. Eu me sinto vivo, vivo e com os sentidos aguçados. Lúcido. Não que eu esteja me sentindo especial, não, estou me sentindo um bosta, como de costume. Mas a verdade é que, na intimidade do meu ato desmedido, existe a busca desesperada pela felicidade. Filha do impossível, que talvez não seja algo que se pegue com as mãos. Um propósito para continuar. Se não, o que seria da vida? O que disseram que ela deveria ser? Meus instintos nunca me traíram. Impulso primitivo, partícula de insatisfação, sede de movimento. E talvez eu me sinta, pela primeira vez, autor da minha própria sorte e de minha solidão.

Eu, Quimera, peixe das profundezas.
Esperança impossível,
Devaneio, ficção.
Eu, Quimera, fogo nas narinas.
Eu, Quimera, cabeça de dragão.
Eu, Quimera, substantivo feminino,
Engoli o embrião
Da vida.
Tragédia cumprida a só.
A vida,
Bosque de solidões.
Mas, não,
Agora, eu não vou chorar.
Agora, eu não vou morrer.
Porque essa história é continuação.
Essa quimera é só repetição
De mil histórias sem final feliz.

26. EPÍLOGO

A Professora está sozinha no Centro de Lazer. Ela prepara suas carreiras de cocaína.

NAMORADA: Amor!

PROFESSORA: Eu estou com medo.

NAMORADA: De quê?

PROFESSORA: Que você não me ame mais.

NAMORADA: Meu bem, você não sabe o quanto eu te amo.

PROFESSORA: Não! Não!

NAMORADA: Escuta!

Silêncio.

NAMORADA: Nós temos uma à outra, não?

A sede do querer e a delicadeza das revelações

Já havia tempo que algo estranho estava acontecendo comigo: todas as vezes que alguém mencionava o mito de Fausto, meus olhos enchiam d'água. Um homem que vende a alma ao diabo em troca de conhecimento. Minhas únicas referências eram um episódio de Chapolin e as aulas de sociologia, nada mais. E, ainda assim, um comentário, a simples menção, parecia me falar da história mais plena, bonita e com maior alcance da condição humana entre todas que existem.

Um dia, abri as páginas de *Fausto*. Não li prefácio, notas introdutórias, contracapa, nada. Fui direto para "Noite", a cena inicial. E o que aconteceu é algo que não sei descrever. Fiquei dilacerado. Senti uma dor imensa. Vontade de chorar e, ao mesmo tempo, nunca morrer. Só para poder viver, escutar. Por um instante, não desejei mais nada, quis apenas viver e escutar. Eu lia através das palavras da tradução. Lia através das palavras do próprio Goethe. E o que chegava até mim, a meus olhos e, principalmente, a meus ouvidos, era o hálito do mito. Fausto!

Sou um leitor lento e disperso e, apesar do entusiasmo, sabia que poderia nem sequer passar da primeira cena. Mas não era isso que interessava, eu sabia, não é isso que interessa agora. E sim o que Fausto fez com meu corpo, no Rio de Janeiro deste século, num pequeno trajeto, na pequena Zona Sul, duzentos anos depois de ser escrito. E o que continua a fazer.

Algo que demonstra com clareza que não tenho o direito de duvidar de qualquer espécie de milagre. É a ficção. E a ficção não é mentira. A ficção é a ficção.

▪

Descemos as escadas correndo. Era noite e gritos e fogos podiam ser ouvidos no céu de Brasília. Eu trocava as pernas, trombando como um filhote, tropeçando na própria euforia, e tentava alcançá-lo, ouvir de mais perto o que dizia. Só enxergava adiante, à pouca altura, altura dos pequenos olhos. E meu pai à frente. Pulando, vibrando, dando socos no ar como Pelé. Meus olhos, os pequenos olhos, eram todos para ele. O presidente Fernando Collor de Mello havia caído. Era 29 de setembro de 1992. E eu estava feliz.

Primeiro de janeiro de 2003. O gramado da Esplanada coberto de vermelho. Tendas populares, ônibus, Zezé di Camargo & Luciano. Eu não sabia, naquele 1º de janeiro de 2003, que as eleições presidenciais do ano anterior haviam sequestrado parte importante da alegria que a política trazia para minha casa. Um pouco como o objeto de desejo quando se ajusta a nossas expectativas e nós deixamos, simples assim, de desejá-lo. O presidente operário chegava ao Planalto e a alegria da política se afastava dos quartos, do banheiro, da mesa de jantar da minha casa. Como nuvem fugidia que se dissipa na tarde seca do cerrado.

■

Quero um teatro que me aproxime do que detesto e me afaste do que amo.

Quero um teatro que me confunda e desorganize. Que me traga mais perguntas que respostas, nenhuma resposta. Que me deixe mais só e, talvez por isso, mais irmanado a todos os seres humanos em nossa aventura trágica comum.

Quero um teatro que mostre a humanidade de um Hitler, de um Temer, a falta de caráter de um Cristo ou de um Buda. Porque o oposto, a vida ordinária já faz.

Quero um teatro que me livre do bom-mocismo e de juízos definitivos. Que me proponha um pacto luminoso e demoníaco.

Que me ajude a enxergar a sombra e a encarar fundo nos olhos, os olhos da besta, o incompreensível presente em cada um de nós.

■

Espalho fragmentos pelo chão do quarto vazio, em Laranjeiras. Muitos, não sei quantos, dezenas de fragmentos de texto. Eu tinha pouco tempo para avançar na escrita da peça final do Núcleo de Dramaturgia. Estava com medo, mas também confiante de que algo interessante iria acontecer. Uma questão de fé, eu diria. Eu ia até o cômodo vazio e pescava um dos fragmentos, como se aquilo fosse tudo, ainda sem saber claramente o papel que aquelas palavras em pedaços de papel teriam na composição final. Então burilava, refraseava, reorganizava os trechos até que se tornassem música para meus ouvidos. O vício da informação havia me impedido de ser mais objetivo, mais direto, até ali, fazendo crescer em mim a ilusão de que eu seria capaz de, em uma peça de teatro, abarcar toda a questão, todas as questões relativas a... todas as questões relativas a quê? Todas.

Assumir essa pretensão (fadada a fracassar por princípio) tinha sido a tônica da primeira reunião com o coordenador do Núcleo, Diogo Liberano. Minha dramaturgia se chamava então *Quimera* e tinha como protagonista um violinista que perde o emprego e decide se tornar motorista de táxi. Sufocado pelo ambiente urbano e pelas condições de trabalho, comete um ato desmedido, um atentado contra o presidente da República. *Quimera* se desdobrava a partir de uma ideia surgida em meio a um processo sobre *Bonitinha, mas ordinária*, de Nelson Rodrigues, com o diretor Moacir Chaves, na UNIRIO. Fiquei com esse desejo, de escrever uma peça sobre um taxista. No dia da reunião com Diogo, eu tinha quase cem conversas gravadas com motoristas e estava angustiado por não conseguir ouvi-las, transcrevê-las, decupá-las. E quem disse que você já não está ouvindo? Diogo tinha razão.

É claro, eu não daria conta de todas as questões, de todas as conversas relativas a uma questão que eu ainda não sabia exatamente qual era. Precisava deixar um pouco de lado a informação, deixar colar meus olhos aos de meu protagonista, e assim fiz. Permiti que ele guiasse minha atenção pelo terreno de fissuras e acidentes imprevisíveis da dramaturgia, como eu, de certa forma, também buscava guiar a atenção do leitor, leitor ainda inexistente, mas já antecipado em minha escrita. O cômodo de Laranjeiras foi ficando cada vez mais limpo, embora eu não deixasse em nenhum momento de estar dividido entre a fé e a desconfiança. Fé na crença de que algo aconteceria. Desconfiança em relação aos elementos do drama, a noção de fábula, personagem, diálogo. Em relação ao poder dos signos e dos significantes em produzir sentido e significados. Parece banal e impróprio para um artista? Talvez. Mas essa desconfiança, ou medo, era também a tradução de uma segunda dicotomia, ainda mais profunda: entre aderência e traição à tradição. Não parece justo para uma arte de 2.500 anos de idade?

A peça foi ganhando forma imperfeita. E parecia fazer questão de se apresentar como tal. Estranha, desconfiada, narrativa intercalada com discurso filosófico, dramaturgia incômoda e incomodada, texto sem vínculo e vinculado à realidade, escrito ao som de Negritude Jr., É o Tchan e Sandy. Tosco. Tosco e intestinal.

A *Quimera* estava ali. A tragédia também estava. Mas era preciso (eu viria a saber) construir alternativas e proposições a partir da dramaturgia.

Era o que me faltava entender.

▪

Reviso este posfácio no dia 23 de abril de 2018, alguns meses depois de ter sido escrito. Nesse período, a vereadora carioca Marielle Franco foi executada a tiros e o ex-presidente operário, preso.

Há, ainda, algo que se salve destas linhas?

▪

Cheguei a pensar que esta dramaturgia fosse uma homenagem aos trabalhadores que haviam compartilhado comigo seu olhar sobre o mundo. Aos taxistas que expuseram a mim seus desejos, preconceitos e angústias. E o pensei provavelmente pela necessidade de justificar, ao menos intimamente, o sequestro clandestino das histórias que me contaram — eu gravava as conversas com o telefone celular. Mais: pela necessidade de justificar não só esse, mas todos os roubos que compõem *Escuta!* e sem os quais este trabalho não existiria como é. Copiados, deslocados, reescritos, assim estão os textos que colecionei. Aqui, tudo e nada é meu. E foi este meu maior prazer: saber que todas as histórias do mundo podem ser (e são) minhas também. Reitero, portanto, meu reconhecimento a esses coautores, por alimentarem com suas palavras o jogo da minha ficção.

Uma tarde, porém, enquanto nadava na piscina do Fluminense, lembrei de uma conversa que tive com meu pai. Eu tinha 15 anos e estava estudando filosofia na escola. Tínhamos acabado de ser apresentados aos significados da palavra ideologia. Entre eles, estava o marxista, que diz que ideologia é algo como o conjunto de ideias e valores que permite a uma classe social, os capitalistas, exercer seu poder de dominação sobre outra, o proletariado. Nessa relação, o proletariado não tem consciência da ideologia que o subjuga e nisso se basearia, em parte, o fenômeno da alienação.

No entanto, uma frase do livro me pareceu incompreensível. Ela dizia que, às vezes, nem mesmo a própria classe dominante tem consciência da ideologia que lhe permite subjugar outra, outro conjunto de pessoas. Perguntei a meu pai se isso era possível, que os burgueses não tivessem consciência da ideologia que os beneficia. E ele respondeu, naquela manhã de sábado, na Asa Sul: nem sempre.

Reescrevo, portanto, esta dedicatória e digo: esta dramaturgia é dedicada a eles (nós?), os burgueses que desconhecem a ideologia da qual tiram proveito e pela qual também estão enredados. E que, envoltos pela surdez fantasmagórica, perdem todo e qualquer senso de humanidade.

Que possamos, a cada instante, perfurar a bolha enevoada da surdez.

E escutar.

■

LIBERANO: E o título, *Quimera*?

OHANA: Acho perfeito.

LIBERANO: Pra quem você tá escrevendo? Minha mãe, que é professora de biologia, vai achar que você tá falando de uma planta.

Ao longo de 2017, acrescentei uma nova modalidade ao meu (já gorduroso) rol de paixões inferiores: a inveja de quem faz teatro em companhia, de quem faz teatro com um grupo mais ou menos permanente. Porque essas pessoas, por algum motivo que ainda estou buscando descobrir, parecem sempre saber a quem estão se dirigindo quando escrevem, atuam ou dirigem.

OHANA: Estou me dirigindo ao mundo, falando da tragédia, da tragédia comum a todos.

LIBERANO: Cuidado, Ohana, com o tom distópico. Não que seja um problema.

OHANA: Estou me dirigindo àqueles dentre nós que não enxergam a humanidade de Michel Temer.

Não sei o que aconteceu a partir daí. Até hoje, meses depois, não sei. Diogo e eu fomos buscando, juntos, possíveis respostas para as questões que estávamos abrindo, ali mesmo, naquela noite, numa praça São Salvador cercada por viaturas da guarda municipal.

LIBERANO: Ficção é mudança de posição. E a mudança de posição nos permite escrever mundos.

Eu não sabia se o abraçava, se chorava ou se ia até o bar comprar um salgado de queijo. Diogo havia perdido o ônibus para Juiz de Fora e eu estava dilacerado, esgarçado, exposto em praça pública. E bastava. Mudamos de assunto: passamos ao tema das desilusões amorosas e términos de relacionamento.

LIBERANO: O título vai ser *A professora*.

Foi a conversa mais importante do ano. Foi ali que eu entendi o que me faltava entender. E ela ainda não terminou.

Naquela noite, eu aprendi um pouco mais sobre a amizade. E meu texto ganhou um nome: *Escuta!*.

■

Aprendi com Juliana Galdino e Roberto Alvim, da Companhia Club Noir, que milagres acontecem. Aprendi também uma segunda coisa: o teatro havia me tirado o prazeroso (e humano) direito de ser leviano.

Sobre milagres. Num sábado à noite, no quarto mal-assombrado de um hotel no bairro dos Jardins, evoquei forças ocultas. Não liguei o som, desliguei o celular. Senti que o silêncio penetrava meu corpo pelos poros e preenchia o espaço entre os órgãos, me inflando de um vazio sobrenatural. E escrevi uma peça de teatro.

Sobre a leviandade. O teatro completou o trabalho feito pelas eleições de 2002: retirou de mim qualquer resquício de prazer político-partidário. Sim, havia chegado o momento. De trocar as camisas vermelhas e as frases do século passado pela contradição. E eu experimentava, queria crer, a inominável sensação de ser adulto.

▪

Eu caminhava pelo bairro. Queria, precisava encontrá-la. Para me imbuir um pouco de sua fé nas palavras, reclamar do barulho da rua e de como são duras as competições. Conversar, apenas vê-la, aprender um pouco sobre o impossível. Eu não sabia, mas nesse querer, querer tão ardente, já estávamos juntos, ardentemente. E eu embebia cada frase, cada palavra da minha criação, em seus olhos de cavalo-marinho.

Os olhos castanhos de Cecilia.

▪

não confundir
a sede do querer saber
com a delicadeza das revelações:
fausto foi lido
até a página 17.

Francisco Ohana
São Paulo, abril de 2018

"Os poemas do presidente" e "A carta" são adaptações de textos de autoria do presidente Michel Temer.

Editora-chefe
Isabel Diegues

Editora
Fernanda Paraguassu

Gerente de produção
Melina Bial

Revisão final
Eduardo Carneiro

Projeto gráfico e diagramação
Mari Taboada

Capa
Guilherme Ginane

CIP-BRASIL. CATALOGAÇÃO-NA-FONTE
SINDICATO NACIONAL DOS EDITORES DE LIVROS, RJ

Ohana, Francisco, 1985-
O32e Escuta! / Francisco Ohana. – 1. ed. – Rio de Janeiro: Cobogó, 2018.
80 p.; 19 cm. (Dramaturgia)

ISBN 978-85-55910-56-2

1. Teatro brasileiro (Literatura). I. Título. II. Série.

18-50228 CDD: 869.2
CDU: 82-2(81)

Meri Gleice Rodrigues de Souza- Bibliotecária CRB-7/6439

Nesta edição, foi respeitado o Acordo Ortográfico da Língua Portuguesa de 1990, que entrou em vigor no Brasil em 2009.

Editora de Livros Cobogó Ltda.
Rua Jardim Botânico, 635/406
Rio de Janeiro — RJ — 22470-050
www.cobogo.com.br

Outros títulos desta coleção:

ALGUÉM ACABA DE MORRER LÁ FORA, de Jô Bilac

NINGUÉM FALOU QUE SERIA FÁCIL, de Felipe Rocha

TRABALHOS DE AMORES QUASE PERDIDOS, de Pedro Brício

NEM UM DIA SE PASSA SEM NOTÍCIAS SUAS, de Daniela Pereira de Carvalho

OS ESTONIANOS, de Julia Spadaccini

PONTO DE FUGA, de Rodrigo Nogueira

POR ELISE, de Grace Passô

MARCHA PARA ZENTURO, de Grace Passô

AMORES SURDOS, de Grace Passô

CONGRESSO INTERNACIONAL DO MEDO, de Grace Passô

IN ON IT | A PRIMEIRA VISTA, de Daniel MacIvor

INCÊNDIOS, de Wajdi Mouawad

CINE MONSTRO, de Daniel MacIvor

CONSELHO DE CLASSE, de Jô Bilac

CARA DE CAVALO, de Pedro Kosovski

GARRAS CURVAS E UM CANTO SEDUTOR, de Daniele Avila Small

OS MAMUTES, de Jô Bilac

INFÂNCIA, TIROS E PLUMAS, de Jô Bilac

NEM MESMO TODO O OCEANO, adaptação de Inez Viana do romance de Alcione Araújo

NÔMADES, de Marcio Abreu e Patrick Pessoa

CARANGUEJO OVERDRIVE, de Pedro Kosovski

BR-TRANS, de Silvero Pereira

KRUM, de Hanoch Levin

MARÉ/PROJETO bRASIL, de Marcio Abreu

AS PALAVRAS E AS COISAS, de Pedro Brício

MATA TEU PAI, de Grace Passô

ÃRRÃ, de Vinicius Calderoni

JANIS, de Diogo Liberano

NÃO NEM NADA, de Vinicius Calderoni

CHORUME, de Vinicius Calderoni

GUANABARA CANIBAL, de Pedro Kosovski

TOM NA FAZENDA, de Michel Marc Bouchard

OS ARQUEÓLOGOS, de Vinicius Calderoni

ROSE, de Cecilia Ripoll

O ENIGMA DO BOM DIA, de Olga Almeida

A PAZ PERPÉTUA, de Juan Mayorga
Tradução Aderbal Freire-Filho

APRÈS MOI, LE DÉLUGE (DEPOIS DE MIM, O DILÚVIO), de Lluïsa Cunillé
Tradução Marcio Meirelles

ATRA BÍLIS, de Laila Ripoll
Tradução Hugo Rodas

CACHORRO MORTO NA LAVANDERIA: OS FORTES, de Angélica Liddell
Tradução Beatriz Sayad

DENTRO DA TERRA, de José Manuel Mora
Tradução Roberto Alvim

MÜNCHAUSEN, de Lucía Vilanova
Tradução Pedro Brício

NN12, de Gracia Morales
Tradução Gilberto Gawronski

O PRINCÍPIO DE ARQUIMEDES, de Josep Maria Miró i Coromina
Tradução Luís Artur Nunes

OS CORPOS PERDIDOS, de José Manuel Mora
Tradução Cibele Forjaz

CLIFF (PRECIPÍCIO), de Alberto Conejero López
Tradução Fernando Yamamoto

2018

1ª impressão

Este livro foi composto em Univers.
Impresso pelo Grupo SmartPrinter
sobre papel Polen Bold LD 70g/m².